Or.·. de Besançon  le 29 Avril 1893

LIBERTÉ, ÉGALITÉ, FRATERNITÉ

AU NOM & SOUS LES AUSPICES DU GR.·. OR.·. DE FRANCE

Rit.·. Franç.·., Écos.·. et Rég.·. Rectif.·.

CONGRÈS

DES

LL.·. DE LA RÉGION DE BESANÇON

EN VUE DE

L'Élaboration d'un Programme politique

POUR LES

ÉLECTIONS LÉGISLATIVES DE 1893

BESANÇON
IMPRIMERIE E. DUGOURD & Cie
8, rue des Chambrettes, 8

1893

PROCÈS-VERBAL

DE LA

Séance du 29 Avril 1893

Le Vén.·. demande si quelques-uns des FF.·. présents ont préparé un programme, et, dans ce cas, il les prie d'en donner connaissance à l'At.·.

Le F.·. Gaulion, de l'Or.·. de Lons-le-Saunier, donne lecture du programme élaboré par son At.·.

Le F.·. Mollard, au nom de l'Or.·. de Dole qu'il représente, déclare donner en principe son adhésion au programme lu par le F.·. Gaulion; mais il est d'avis de limiter ce programme à l'indication générale des réformes à obtenir, sans entrer dans les détails qui ne serviraient, dans la circonstance, qu'à allonger et à obscurcir le programme.

Le F.·. Junod, de l'Or.·. de Pontarlier, dit qu'il partage l'avis ci-dessus du F.·. Mollard.

Le F.·. Vaucaire, de l'Or.·. de Gray, donne également son adhésion au programme ci-dessus limité à l'indication des grandes lignes; mais il ajoute qu'en raison de l'esprit qui domine dans son département, il conviendrait de donner à ce programme une forme moins radicale.

Le F.·. Gros, de l'Or.·. de Besançon, donne lecture du programme élaboré par la Commission nommée à cet effet par la L.·. de Besançon, et les divers *articles* de ce programme sont, après un sérieux examen et une longue discussion, à laquelle prennent part presque tous les FF.·. présents, mis aux voix par le Vén.·., savoir :

Article premier. — *Séparation des Églises et de l'État.* — Adopté à l'unanimité, sauf à modifier la rédaction ainsi qu'il suit : *Retour du prêtre au droit commun.*

Après adoption de cet article, la proposition suivante, présentée par le F.·. Gaulion, de Lons-le-Saunier, est mise aux voix :

Dans le cas où l'article 1er ci-dessus ne serait pas admis par les LL.·., *doit-on demander l'application stricte du Concordat?* — Rejetée à l'unanimité, sauf une voix.

Art. 2. — *Revision de la Constitution dans un sens démocratique et avec la plus grande décentralisation possible.* — Adopté.

Le F.·. Junod, de Pontarlier, est d'avis que l'on doit se borner pour le moment au texte ci-dessus de l'article 2, sans entrer dans la discussion des détails.

Les diverses propositions ci-après, dépendant de l'article 2, sont successivement mises aux voix et adoptées, sans que le F.·. Junod prenne part au vote :

1° Réduction de la durée du mandat du président de la République ;

2° Suppression du pouvoir de dissolution de la Chambre accordé au président de la République par la Constitution actuelle ;

3° Nomination des ministres par la Chambre des députés;

4° Nomination du Sénat par le suffrage universel, avec des attributions distinctes de celle de la Chambre des députés;

5° Réduction du mandat des sénateurs à quatre années avec renouvellement partiel tous les deux ans;

6° Retour au scrutin de liste pour l'élection des députés avec renouvellement partiel tous les deux ans.

ART. 3. — Revision de la géographie administrative en vue d'une large décentralisation avec diminution des dépenses et des fonctions.

ART. 4. — Réforme judiciaire par la suppression des tribunaux de toutes juridictions ne jugeant pas un nombre suffisant d'affaires et augmentation de la compétence des juges de paix.

ART 5. — Réforme complète de notre système fiscal, notamment par la modification de l'assiette de l'impôt sur des bases plus égalitaires et démocratiques.

ART. 6. — Organisation définitive de l'assistance publique, de manière à ce que le citoyen, quelle que soit son origine, soit assuré de trouver un toit et du pain pour lui et les siens, lorsque la vieillesse ou les infirmités le rendent incapable d'un travail productif.

L'At.·. décide ensuite d'ajouter à l'article 2, relatif à la revision de la Constitution, les paragraphes ci-après :

7° Vote personnel des députés;

8° Délivrance aux députés de jetons de présence aux séances de la Chambre, sans lesquels ils n'auront droit à aucune rétribution, sauf les cas d'absence régulièrement justifiés;

9° Obligation pour la Chambre des députés de voter le budget dans la session ordinaire et de ne pas se séparer avant que ce vote soit accompli.

LE SECRÉTAIRE,

VERMEILLET.

De l'Or∴ de Dole.

RAPPORT

PRÉSENTÉ

Par le Fr.·. Jules GROS

Or.·. de la L☐.·. de Besançon

Au nom de la Commission interdépartementale des Loges maçonniques de la région de Franche-Comté, nommée pour l'élaboration d'un programme politique en vue des élections prochaines.

Mes FF.·.,

Après avoir pris connaissance des projets de programmes ou manières de voir présentés par les différents FF.·. délégués à la Commission interdépartementale par les LL.·. de la région, il a été constaté que si quelques-uns de ces projets se présentaient plus touffus et plus remplis de détails, en somme ils ne s'écartaient pas sensiblement les uns des autres et contenaient le même ensemble de revendications.

Votre Commission n'a donc pas eu à faire un choix dans les divers articles proposés, puisqu'on était d'accord. Elle s'est contentée d'opérer un classement méthodique, afin de mettre un plus peu de clarté dans le travail en question.

Votre Commission est partie de ce principe, qu'aucune des grandes réformes qui sont la conséquence nécessaire de l'avènement de la République n'a été sérieusement engagée depuis le vote de la Constitution ; elle s'est dit que les améliorations réalisées portaient surtout sur des questions de détail, et qu'en conséquence il convenait, sans s'attarder aux questions secondaires, de résumer en un tableau très succinct l'ensemble des points sur lesquels le corps électoral entend que ses mandataires portent leurs efforts.

En conséquence, elle a réparti les *desiderata* formulés par devant elle, en quatre ordres d'idées distincts, auxquels il sera facile de rattacher les propositions nouvelles dont l'admission rencontrerait une majorité avant la clôture définitive de la présente discussion : *L'ordre philosophique, l'ordre constitutionnel, l'ordre administratif et l'ordre économique ou social.*

I. — Dans l'*ordre philosophique,* votre Commission demande qu'on inscrive en tête du programme : *La séparation des Églises et de l'État.* Elle ne se fait pas d'illusions sur la possibilité actuelle de cette réforme ; mais elle considère qu'en dépit des résistances de toutes sortes des intéressés, cette transformation est devenue fatale depuis la déclaration de guerre de l'Église à la Société moderne en 1869 *(Syllabus) ;* qu'il est donc indispensable de la maintenir dans les programmes des partis progressistes, et que si quelqu'un doit l'y inscrire, c'est évidemment la maçonnerie, sous peine de manquer à toutes ses traditions en faveur de l'affranchissement intellectuel des masses.

Votre Commission, au reste, ne tient pas aux mots, et si l'expression : séparation des Églises et de l'État, en raison du tapage qui a été fait autour de l'idée, effrayait quelque candidat ou risquait d'indisposer les populations, elle admettrait fort bien des équivalences dans la rédaction des programmes individuels. Ce qu'elle entend que les candidats réclament en définitive, c'est la suppression des privilèges accordés jusqu'ici aux cultes reconnus, et la rentrée dans le droit commun de tout ce qui les concerne.

II. — Dans l'*ordre constitutionnel,* votre Commission a introduit toutes les réformes qui lui ont paru urgentes, sans aller cependant plus loin que l'esprit des populations ne le comporte en ce moment. On aurait pu certainement réclamer la suppression de la présidence de la République et celle du Sénat. Mais outre que nous ne connaissons pas encore de République n'ayant pas de seconde Chambre, il faut reconnaître que la suppression de la présidence de la République est plus difficile à réaliser dans un pays de trente-six millions d'habitants ayant encore des mœurs monarchiques, qu'en Suisse, où la population est restreinte et où le gouvernement repose sur une base fédérative.

Il est à remarquer, d'ailleurs, que les modifications que votre Commission vous propose dans l'ordre constitutionnel n'apportent aucun obstacle pour l'avenir, aux suppressions dont il s'agit. On peut même dire qu'elles les préparent dans une certaine mesure, sans toutefois y conduire forcément.

III. — Dans l'*ordre administratif*, votre Commission vous propose de réclamer avant tout une large décentralisation, dont le but, tout en rendant un peu de vie politique à la province, serait de diminuer le nombre des fonctions publiques, c'est-à-dire de réaliser des économies d'argent et de frottements, et de rapprocher la décision administrative de l'administré.

Dans cette réforme administrative, votre Commission comprend, cela va sans dire, la réforme judiciaire et la réforme financière, qui sont aussi des problèmes administratifs.

IV. — Dans l'*ordre économique et social*, votre Commission vous propose de réclamer énergiquement l'organisation définitive de l'assistance publique sur des bases telles, que le citoyen, quelque soit d'ailleurs son origine, soit certain de trouver toujours un toit et du pain pour lui et ceux des siens qui ne sont pas en âge de travailler, lorsque l'âge, les infirmités ou la maladie s'opposeront à ce qu'il puisse se procurer lui-même, par son industrie, ce qui est strictement nécessaire à la vie.

La Commission n'ignore pas qu'une telle organisation entraînera des dépenses hors de proportion avec ce que nous avons vu à ce jour. Mais elle pense que, pour arriver à ce résultat, il convient de ne pas reculer même devant l'impôt progressif; parce qu'il est inadmissible que le siècle qui s'en va, assiste impassible au spectacle de familles entières recourant au suicide par misère, pendant que des fortunes immenses se réalisent en un seul jour, par le travail improductif de la spéculation.

La Commission vous fait remarquer qu'il est très difficile de faire un choix aujourd'hui entre les systèmes des diverses écoles socialistes, attendu qu'il n'y a pas accord entre ces écoles et que leurs systèmes se combattent et s'excluent sans cesse les uns et les autres.

Quels pouvoirs publics se chargeront, par exemple, de déterminer si la propriété devra être désormais collective ou individuelle? Et ne voit-on pas que le Parlement qui déciderait de ces questions dans un sens ou dans un autre, pourrait contenter les uns, mais mécontenterait certainement les autres.

Il n'en est pas de même de l'organisation définitive de l'assistance publique. Quelle école socialiste pourrait trouver mauvais que l'on assurât du pain et un abri aux travailleurs vieillis ou aux malheureux auxquels la fortune n'a pas souri? Un régime politique qui aurait décrété et mis en pratique une pareille organisation pourrait se vanter hardiment d'avoir résolu au moins une des parties du problème social.

CONCLUSIONS

En résumé, mes FF.·., votre Commission se borne à donner les indications sommaires qui lui paraissent indispensables pour la rédaction d'un programme républicain, tel que nous voudrions en général le voir se développer dans le champ des travaux de nos législateurs. Mais, dans sa pensée, il ne s'agit point d'une formule étroite que chacun des candidats républicains devra adopter strictement, s'il veut avoir l'appui des LL.·. de la région. La maç.·. n'est pas une église intolérante déclarant qu'en dehors d'elle-même il n'y a pas de salut.

Les candidats resteront donc maîtres non seulement des formules à employer pour parler au suffrage universel, mais aussi du fond lui-même des revendications dont ils jugeraient à propos de saisir le corps électoral. Ils devront s'ingénier seulement à ne rien introduire dans le tableau de ces revendications, qui soit en contradiction manifeste avec le but que vous vous proposez. En un mot comme en cent, ils conservent leur liberté absolue d'appréciation, mais faute par eux d'adhérer à l'orientation générale de votre politique, ils devront renoncer à votre appui collectif.

En conséquence, mes FF.·., votre Commission propose à votre sanction le programme suivant :

I

Ordre philosophique. — Séparation des Eglises et de l'Etat par la suppression des privilèges accordés aux cultes reconnus et leur retour au droit commun, tant au point de vue des personnes qu'au point de vue des choses.

II

Ordre constitutionnel. — Revision de la Constitution dans un sens démocratique et en vue de la décentralisation.

A. Réduction de la durée du mandat du président de la République.

B. Suppression du droit de dissolution.

C. Nomination par la Chambre des députés des ministres pris, dans ou hors du Parlement.

D. Nomination du Sénat par le suffrage universel, avec attributions spéciales et distinctes.

E. Réduction de la durée du mandat des sénateurs à quatre années, avec renouvellement partiel de deux en deux ans.

F. Retour au scrutin de liste pour l'élection des députés et renouvellement partiel de la Chambre de deux en deux ans.

G. Vote personnel des députés et délivrance, au début de chaque séance, de jetons de présence, sans lesquels aucune indemnité ne pourra leur être délivrée en dehors du cas d'absence justifiée.

H. Obligation pour la Chambre des députés de

voter le budget dans sa session ordinaire et de ne pas se séparer avant d'avoir pourvu à cette partie principale de son mandat.

III

Ordre administratif. — A. Revision de la géographie administrative en vue d'une large décentralisation et d'une économie à réaliser, tant au point de vue du nombre des fonctions qu'au point de vue des dépenses.

B. Réforme judiciaire, notamment par la suppression des tribunaux ne jugeant pas un nombre suffisant d'affaires par année et par l'augmentation de la compétence des juges de paix.

C. Réforme complète de notre système fiscal, particulièrement en ce qui concerne l'assiette et le recouvrement de l'impôt au moyen de taxes proportionnées à la capacité du contribuable, et par conséquent plus démocratiques.

IV

Ordre économique et social. — Organisation définitive de l'assistance publique sur des bases telles que le citoyen, quelle que soit son origine, soit assuré d'avoir toujours à sa disposition un abri et du pain pour lui et les membres de sa famille incapables d'assurer leur propre existence, lorsque la maladie, l'âge ou les infirmités le rendront incapable d'un travail productif.

Besançon. — Imprimerie E. DUGOURD & Cie.

www.ingramcontent.com/pod-product-compliance
Lightning Source LLC
LaVergne TN
LVHW010217230826
846091LV00008BB/3557

* 9 7 8 2 0 1 1 7 7 6 9 5 2 *